NOTICE

SUR

UN TABLEAU ATTRIBUÉ A JEAN VAN EYCK

DIT

JEAN DE BRUGES.

NOTICE
SUR UN TABLEAU

ATTRIBUÉ

A JEAN VAN EYCK DIT JEAN DE BRUGES

QUI SE VOIT DANS LA PRINCIPALE SALLE DE LA COUR ROYALE DE PARIS

Accompagnée de détails sur la grand'chambre du Parlement, etc.

PAR

M. A. TAILLANDIER.

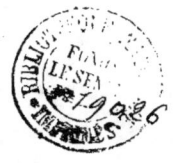

PARIS
IMPRIMERIE D'E. DUVERGER,
RUE DE VERNEUIL, N° 4.

1844

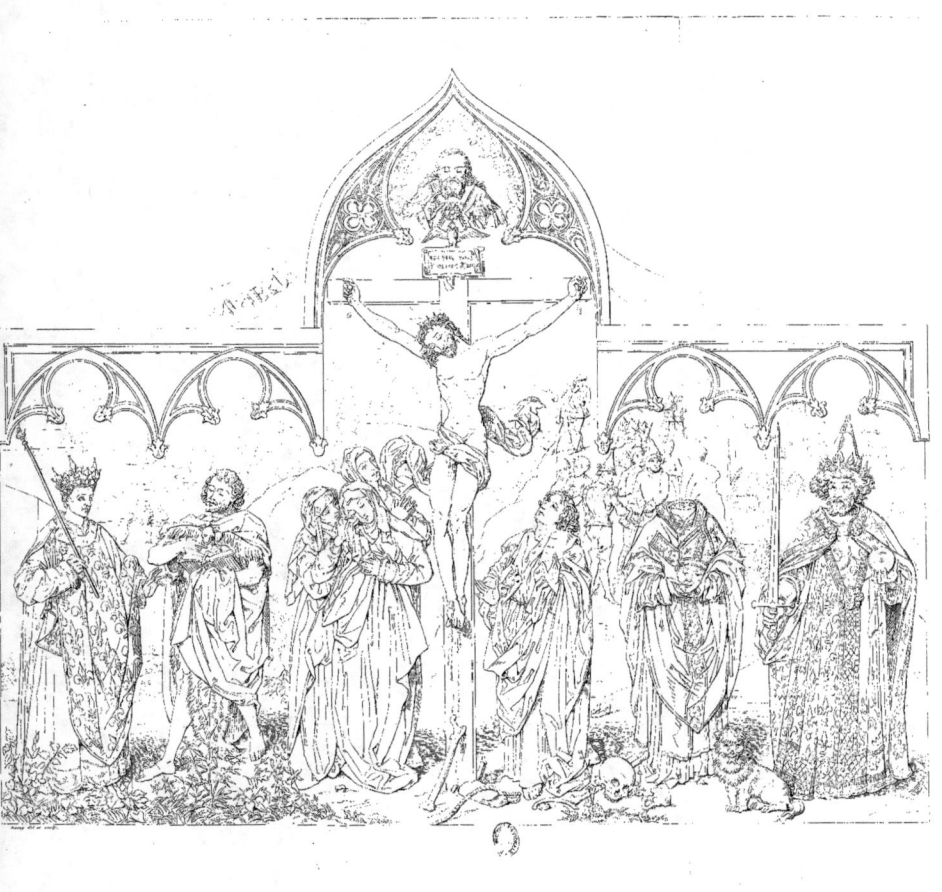

NOTICE

SUR

UN TABLEAU ATTRIBUÉ A JEAN VAN EYCK,

DIT

JEAN DE BRUGES,

QUI SE VOIT DANS LA PRINCIPALE SALLE DE LA COUR
ROYALE DE PARIS,

Accompagnée de détails sur la grand'chambre du Parlement, etc.

On voit dans la salle de la Cour royale de Paris, où se tiennent les audiences solennelles et où siége la première chambre, un ancien tableau, ayant 3 mètres 30 centimètres de largeur, sur 2 mètres 28 centimètres de hauteur, dont le sujet principal paraît être un Christ en croix. Dieu le père est représenté, suivant l'usage, sous la forme d'un vieillard à barbe blanche, au-dessus du Christ, dans la partie ogivale du cadre. Le Saint-Esprit, sous la figure d'une colombe, est placé entre le père et le fils, et concourt ainsi à former la Trinité chrétienne. Au côté droit du Christ, sont représentées les saintes femmes dont l'une surtout, la mère du Sauveur, paraît accablée de douleur. A gauche de Jésus en croix, on voit saint Jean l'évangéliste, le disciple bien-aimé, contemplant avec une admiration toute mystique le divin sacrifice. Puis saint Denis décapité, revêtu du costume des évêques, portant sa tête dans ses mains; puis enfin Charlemagne, avec ses habits impériaux, le manteau écarlate fleurdelisé, un bonnet à forme conique sur la tête, tenant un glaive dans la main droite et un globe dans la main gauche.

A droite du Christ, après le groupe des saintes femmes, saint Jean-Baptiste est représenté portant un livre ouvert dans ses mains, qui soutiennent aussi un agneau appuyé sur sa poitrine. Le dernier personnage, vu de ce côté, est un roi de France, au manteau bleu fleurdelisé, la couronne sur la tête; tout annonce que c'est saint Louis. Ces divers personnages peuvent avoir chacun un mètre de hauteur.

Tel est le plan principal du tableau dont nous entreprenons la description.

Au second plan, derrière saint Denis, est un groupe composé d'abord d'un personnage revêtu d'une robe à fond d'or broché[1]; il semble regar-

---

(1) Quelques personnes ont cru voir dans ce personnage Philippe-le-Bon, mais les portraits anciens de ce prince ne ressemblent pas à celui qu'on voit sur le tableau qui nous occupe.

der avec dédain le saint martyr; à côté de lui, mais tournant presque entièrement le dos, est le bourreau avec son glaive encore teint de sang, puis quelques autres personnages qui paraissent s'entretenir avec les précédents du spectacle du miracle du saint décapité, portant sa tête dans ses mains [1].

Sur le dernier plan, derrière le Christ, est une cité qu'on reconnaît pour Jérusalem, bien que le croissant soit placé au-dessus des principaux édifices. Sur la droite du Christ, le même plan représente les deux rives de la Seine, prise entre l'hôtel de Nesle et le Louvre, tels qu'ils étaient au xv siècle; à gauche, la façade extérieure du Palais, à la même époque. Un personnage vêtu de noir est aperçu dans l'intérieur, et un pauvre stationne sur les marches. Enfin, çà et là se trouvent quelques bourgeois et un militaire, habillés comme on l'était alors et portant des souliers à la poulaine [2].

(1) On sait assez que ce prétendu miracle a été rejeté par les historiens ecclésiastiques les plus distingués. Il paraît avoir été avancé pour la première fois par Hilduin, qui écrivit en 814 ses *Areopagitica* (imprimés à Cologne, 1563, in-8, et dans Surius). Cette tradition fabuleuse subsista pendant tout le moyen-âge, et était consacrée par la strophe suivante, de la prose chantée à la fête de saint Denis :

> Se cadaver mox crexit
> Truncus truncum caput vexit
> Quo ferentem hoc direxit
> Angelorum legio.

(2) On nommait *poulaines* les longues pointes qui termi-

Avant la révolution, ce tableau était placé dans la grand'chambre du Parlement; il en disparut pour aller au Musée du Louvre où les livrets de cette époque l'attribuaient à Albert Durer. M. le premier président Séguier l'ayant demandé à Napoléon, en 1811, pour la Cour impériale, il figure depuis lors dans la salle où on le voit maintenant.

Comme objet d'art, le tableau dont il s'agit offre un très grand intérêt; il en offre aussi un non moins vif par les souvenirs historiques qu'il rappelle.

<small>naient les souliers que l'on appelait, dans le latin de cette époque, *calcei polani*. On croit que ce nom provenait de ce que cette mode était d'origine polonaise, car la Pologne s'appelait alors *Poulaine*. Dulaure, toutefois, lui donne une autre origine. Il dit (*Histoire de la Barbe*, p. 4), que Geoffroi Plantagenet, comte d'Anjou, ayant au bout du pied une excroissance de chair assez considérable, imagina de la voiler au moyen de souliers dont le bout recourbé était de la longueur nécessaire à son incommodité. Il fut imité par les élégants de son temps. De là vint la mode des poulaines. Ces pointes étaient longues d'un demi-pied pour les gens du peuple, d'un pied pour les riches et de deux pieds pour les princes, d'où serait venu le proverbe *être sur un grand pied*. Cette mode durait encore en 1467, ainsi qu'on le voit dans l'avant-dernier chapitre de Jacques du Clercq, continuateur de Monstrelet, où il est dit: « Les nobles et les riches portoient longues pouillainnées à leurs solliers, de ung quartier ou quartier et demi de long. » Cependant cet usage avait été prohibé, on ne sait trop pourquoi, par les sermons des prédicateurs, les conciles et les ordonnances des rois qui les appelaient *poulaines de Dieu maudites*.</small>

La première question à examiner est celle de savoir à quel maître il doit être attribué.

Une tradition parlementaire fort ancienne fait remonter ce Christ à Jean Van Eyck, dit Jean de Bruges, qui passe pour l'inventeur de la peinture à l'huile.

Disons quelques mots de ce peintre célèbre, dont la vie est bien peu connue, malgré les recherches récentes de quelques écrivains allemands et belges. L'ouvrage dans lequel on trouve le plus de détails biographiques sur Jean Van Eyck et sur son frère aîné Hubert, est encore celui de Van Mander[1]. Mme. Schopenhauer, qui a publié, en 1822, une vie de ce peintre[2], n'a réuni que fort peu de circonstances sur la biographie qu'elle semblait entreprendre, et s'est presque exclusivement renfermée dans l'examen de la question de savoir si Jean Van Eyck doit être considéré comme l'inventeur de la peinture à l'huile, et dans l'histoire de ses successeurs. M. Waagen, qui a aussi publié, la même année, un ouvrage spécial sur les frères Van Eyck[3], a consacré deux chapitres fort courts à la biographie de ces grands peintres. Quant à Félibien, à Descamps et autres

---

(1) *Het Schilder-Boek*, etc., door Karel Van Mander. Amsterd., 1617-1618, in-4°.

(2) *Johann Van Eyck und seine Nachfolger*, von Johanna Schopenhauer. Frankfurt am Main, 1822, in-12.

(1) *Ueber Hubert und Johann Van Eyck*, von G. H. Waagen. Breslau, 1822, in-12.

auteurs des vies des peintres allemands et flamands, ils n'ont guère fait que rapporter ce qu'ils avaient trouvé dans Vasari et Van Mander.

Nous allons donc réunir les principales notions que nous avons pu trouver sur l'auteur présumé du tableau dont nous nous occupons.

Jean Van Eyck, qui fut depuis surnommé Jean de Bruges, était né à Maseyck, petite ville située sur la rive gauche de la Meuse, entre Maestricht et Ruremonde, dans le duché de Limbourg, suivant les uns en 1370[1] suivant d'autres en 1400[2]. Il appartenait à une famille d'artistes. Son père était peintre; son frère aîné Hubert, et sa sœur Marguerite cultivaient aussi la peinture avec une grande distinction. Plus d'une fois ils associèrent leurs talents; mais le plus célèbre d'entre eux est celui dont nous nous occupons plus spécialement.

A en croire ceux qui attribuent à Jean Van Eyck l'invention de la peinture à l'huile[3], cet ar-

---

(1) Descamps, *la Vie des peintres flamands, allemands et hollandais*. Paris, 1753-63, 4 vol. in-8°, t. I, p. 2.—M. Emeric-David, dans la *Biographie universelle*, art. Eyck (Jean Van). — M. Balkema, *Biographie des peintres flamands et hollandais*. Gand, 1844, in-8°.

(2) M. Passavant de Francfort dans le *Messager des Sciences historiques de Belgique*, publié à Gand, année 1842, p. 206.

(3) Cette question est fort controversée. On peut consulter à son égard les ouvrages suivants : pour l'affirmative, les *Vies des Peintres*, par Vasari, traduites et commentées par MM. Jeanron et Leclanché. Paris, 10 vol. in-8°, 1838-1842,

tiste possédait des connaissances étendues en chimie. Quoi qu'il en soit, après avoir exercé son art dans quelques villes de la Flandre, il se fixa à Gand, puis à Bruges, d'où lui est venu le surnom sous lequel il est généralement connu.

Philippe-le-Bon, duc de Bourgogne, régnait alors sur cette florissante contrée. Sa cour était fréquentée par les personnages les plus illustres, et son goût éclairé avait imprimé aux lettres et aux arts une vive impulsion.

Philippe protégea Van Eyck; il le prit à son service en qualité, non sans doute de conseiller, comme l'ont dit plusieurs de ceux qui ont écrit sur les anciens peintres[1]; mais de valet de cham-

---

t. III, p. 2 (*Vie d'Antonello de Messine*). — Félibien, *Entretiens sur les Vies et sur les ouvrages des plus excellents peintres*, t. I, p. 208 de l'éd. de Trévoux, 1725.—Mérimée, *de la Peinture à l'huile*. Paris, 1830, in-8°. Pour la négative, *Histoire littéraire de la France*, t. XVI, p. 322; le *Cabinet de l'amateur*, 2e année, 1re livraison, art. de M. Victor Schoelcher; il y est dit : « Ce qu'a trouvé Van Eyck, c'est l'art de former, du mariage de l'huile avec la couleur, au moyen des résines qu'il y ajouta, une mixture propre à faire des tableaux, » etc., etc. Ceux qui disputent à Jean Van Eyck l'invention de la peinture à l'huile, disent qu'elle est décrite dans un ouvrage intitulé : *De omni scientiâ picturæ artis*, dû à Théophile, moine du xe ou xie siècle. Cet ouvrage, resté jusqu'ici inédit en France, vient d'être publié et traduit par M. de Lescalopier, avec une introduction de M. Marie Guichard. Il a paru sous le titre : *Theophili presbyteri et monachi, libri III. Seu diversarum artium schedula*. Paris, 1843, in-4°.

(1) Descamps, *Vie des peintres flamands*, etc.

bre[1]. Il l'attacha, en 1428, à une ambassade qu'il envoyait en Portugal pour demander au roi Jean Ier sa fille Isabelle en mariage[2]. Van Eyck fit le portrait de la princesse qui devint peu de temps après duchesse de Bourgogne.

Hubert était mort en 1426; quant à Jean, on est encore moins d'accord sur la date de son décès que sur celle de sa naissance. Van Mander et M. Balkema le font mourir en 1440, M. de Méchel en 1441[3], M. Passavant en juillet 1444[4], M. de Bast en 1445[5], tandis que M. Puccini avait fixé cette date vers 1450[6], et que M. Waagen, qui l'avait fait naître vers 1400, place son décès vers 1470[7]. MM. Jeanron et Leclanché sont tombés dans une singulière contradiction relativement à ce décès. En effet, dans le 7ᵉ volume de leur traduction des *Vies des Pein-*

(1) Nous devons dire toutefois, que l'on ne trouve pas le nom de Jean Van Eyck parmi ceux qui figurent dans l'*État des officiers et domestiques de Philippe-le-Bon*, inséré au t. Ier des Mémoires de J. du Clercq, publiés par M. Buchon, *Collection des Chroniques nationales*, vol. XXXVII.
(2) *Collection des documents inédits sur l'Histoire de Belgique*, t. II, p. 63.
(3) Cité par M. Émeric-David dans son article Eyck (Van) de la *Biographie universelle*.
(4) *Messager des Sciences historiques de Belgique*, année 1842, p. 206.
(5) *Notice sur le chef-d'œuvre des frères Van Eyck*. Gand, 1825, in-8°, p. 64.
(6) *Memorie istorico critiche di Antonello*.
(7) *Ueber Hubert und Johann Van Eyck*, von Waagen. Breslau, 1822, in-12.

tres de Vasari, ils le fixent à l'année 1445, et dans le 8ᵉ à 1441[1], sans donner aucun motif de cette différence qui paraît s'être glissée par inattention dans leur ouvrage. Jean Van Eyck fut enterré dans l'église de Saint-Donat, à Bruges. Malheureusement son épitaphe, composée de cinq distiques latins, ne parle nullement de la date de sa naissance ni de celle de sa mort.

La principale composition due aux frères Van Eyck, est le tableau que l'on admire dans la cathédrale de Saint-Bavon, à Gand, et qui représente le *Triomphe de l'Agneau.*

Ce magnifique tableau se composait de douze panneaux, formant deux séries, l'une supérieure, l'autre inférieure. Celui qui occupe le milieu, dans la série supérieure, représente Dieu le père, une tiare sur la tête et revêtu du costume des pontifes. Le panneau, qui se trouve au milieu de la série inférieure, offre une scène de l'Apocalypse, l'adoration de l'agneau. Les principales parties de cette grande composition furent apportées à Paris en 1794, et restèrent dans notre Musée jusqu'en 1815. Six des volets furent alors vendus, grâce à l'incurie du grand-vicaire administrateur du diocèse de Gand, et après avoir passé en différentes mains de riches amateurs, ils furent achetés par le roi de Prusse, moyennant la somme énorme de 100,000 thalers (375,000 fr.); ils se voient aujourd'hui dans le Musée de Berlin.

---

(1) T. VII, p. 226.—T. VIII, p. 134.

Les deux frères Hubert et Jean Van Eyck ont pris part à ce chef-d'œuvre, et on croit qu'il fut achevé et exposé pour la première fois à la vue du public le 6 mai 1432[1], environ six ans après la mort de l'aîné de ces grands artistes.

Nous ne mentionnerons pas ici les autres tableaux attribués aux frères Van Eyck. La nomenclature en a été faite par M. Passavant, de Francfort, et insérée récemment dans le *Messager des Sciences historiques de Belgique*, intéressant recueil périodique publié à Gand[2].

Nous remarquerons que le tableau qui appartenait au Parlement n'y figure pas, et que d'un autre côté on y place plusieurs compositions qui nous paraissent apocryphes. Parmi ces dernières nous signalerons le bréviaire du duc de Bedford, qui se conserve à la Bibliothèque royale de Paris, et qui, d'après une mention portée au calendrier, a été achevé en 1422. M. Waagen[3] est le premier qui, à notre connaissance, ait attribué les belles et nombreuses miniatures de ce manuscrit aux frères Van Eyck et à leur sœur Marguerite. MM. Jeanron et Leclanché, dans l'ouvrage que nous avons déjà cité, ont adopté la même opinion, dans des termes qui paraissent une traduction du passage du livre de M. Waagen, relatif à ce sujet,

---

(1) *Notice sur le chef-d'œuvre des frères Van Eyck*, p. 35.
(2) **Année 1842**, p. 206.
(3) *Kunst und Künstler in England*, Paris etc., t. II, p. 435. (M. Waagen est directeur du Musée de Berlin.)

sans toutefois le nommer. Contentons-nous de dire que MM. les conservateurs de la Bibliothèque royale n'ont aucune connaissance que les miniatures en question soient l'œuvre des grands artistes auxquels on paraît vouloir les attribuer, et que rien, dans le manuscrit, ne peut donner lieu à cette conjecture. C'est donc uniquement en se fondant sur l'exécution des miniatures, que les auteurs dont nous venons de citer les noms ont pris sur eux de les proclamer l'œuvre des Van Eyck, en prétendant reconnaître celles qui seraient sorties de la main soit de Hubert, soit de Jean, soit de leur sœur Marguerite, et en s'appuyant sur ce fait que le duc de Bedford, régent de France pour les Anglais, était beau-frère du duc de Bourgogne, qui, voulant lui faire cadeau d'un livre d'Heures, en aurait sans doute confié l'exécution aux plus habiles artistes de ses états. Nous le demandons, ne sont-ce pas là des hypothèses bien hasardées?

On voit, dans le Musée du Louvre, trois tableaux attribués à Jean Van Eyck, dont un seul, la *Vierge couronnée par un ange*, provenant de la ville d'Autun, est mentionné dans la nomenclature de M. Passavant, qui le regarde avec raison comme un des plus soignés de son auteur [1].

---

(1) Les deux autres tableaux de Jean Van Eyck, qui se voient au Musée du Louvre, sont *les Noces de Cana*, et un *Portrait d'homme vêtu de noir avec une fraise*. Le Musée de l'hôtel de Cluny en possède un qui lui est attribué et qui pro-

Il nous paraît fort singulier que les Allemands et les Belges, qui s'occupent si ardemment de l'histoire de la peinture dans leur pays, au moyen-âge et à la renaissance, ne paraissent pas connaître l'existence du tableau faisant l'objet de cette notice, et qui doit être pourtant l'une des plus importantes compositions de Jean Van Eyck. Cette ignorance de leur part ne peut s'expliquer que par l'endroit où se trouve exposé ce tableau. S'il se conservait dans un de nos Musées, point de doute qu'il n'eût fait le sujet des études des amis des arts. Mais placé dans une salle où rien n'attire les étrangers et les curieux, il y est comme oublié, et a traversé des siècles sans qu'on ait songé à s'occuper de lui.

Nous avons donné, en commençant, la description de ce tableau. La gravure au trait jointe à cette notice, faite d'après un dessin très fidèle du tableau original, que la Société a fait faire par M. Frémy, le fera mieux connaître encore à ceux qui n'ont pu le voir. Il nous reste à rechercher comment il a pu venir au Parlement de Paris.

L'usage de placer l'image du Christ au-dessus de la tête des juges est fort ancien. La Roche-Flavin en parle en ces termes : « Par dessus le throsne royal, ou siége du premier président, en

vient de la collection de feu M. Dusommerard; il représente *Saint Pierre-ès-liens*. Les personnages ont aussi des souliers à la poulaine. Ce dernier tableau n'est pas mentionné non plus dans le catalogue de M. Passavant.

toutes les chambres des audiances des parlements et siéges présidiaux, ou des baillifs et sénéchaux de France, il y a des images du Crucifix. Nos devanciers ayans voulu mettre le portraict de Nostre Sauueur au siége plus éminent de l'audiance, et aussi aux bureaux des chambres, pour refroidir et retenir par telle commémoration des choses sainctes, les esprits trop actifs et avares des juges et autres fréquentans les Palais[1]. »

Le tableau dont nous nous occupons était placé au centre de la grand'chambre du Parlement, et tenait lieu du Crucifix dont La Roche-Flavin vient de parler.

Mais à quelle époque y avait-il été mis?

Diverses circonstances nous font croire qu'il avait été fait pour cette grande et solennelle destination.

En effet, on voit dans le fond, comme nous l'avons déjà dit, plusieurs monuments de Paris, et notamment le Palais, où des lors se rendait la justice souveraine. Auprès des images du Christ, des saintes femmes et des principaux personnages du Nouveau-Testament, figurent Charlemagne l'auteur des Capitulaires, et saint Louis l'auteur des Etablissements[2]. C'étaient certaine-

---

(1) *Treize livres des Parlements de France.* Bordeaux 1617, 1 vol. in-fol., p. 303.

(2) Lorsque nous disons que Charlemagne est l'auteur des Capitulaires et saint Louis celui des Établissements, on comprend assez que nous ne voulons pas dire qu'ils les aient

ment les deux monarques qui, avant le xve siècle, avaient le plus fait pour la bonne administration de la justice dans le royaume de France. Aussi était-on dans l'usage de mettre leurs images en pendant, comme on les voyait, par exemple, dans la chapelle construite par Louis XI, en 1477, à l'une des extrémités de la Grande-Salle, ou salle des Pas-Perdus [1]. On ne saurait donc s'étonner que Charlemagne et saint Louis eussent été placés à côté de Jésus mourant sur la croix, dans un tableau destiné à la plus haute juridiction du royaume. C'était un ensemble propre à rappeler constamment aux magistrats les devoirs sacrés qui leur sont imposés.

La grand'chambre ou chambre du plaidoyer (*camera placitorum*) était alors si magnifiquement ornée qu'on l'appelait aussi la *chambre dorée*. Elle avait été construite sous le règne de saint Louis, mais elle avait subi successivement plusieurs réparations. Philippe-le-Bel, Louis X ou le Hutin,

---

composés eux-mêmes : ils n'en sont pas plus les auteurs, dans le sens littéral du mot, que Louis XIV n'est l'auteur des ordonnances célèbres qui ont paru sous son règne, et Napoléon celui des codes qui nous régissent actuellement; mais ces divers princes, en chargeant les plus grands jurisconsultes de leur temps, de rédiger ces lois, ont pris une assez grande part à leur confection pour qu'on puisse les assimiler aux auteurs.

(1) *Description historique de Paris*, par Piganiol de la Force, t. II, p. 6.

Philippe-le-Long et Charles-le-Bel se complurent à y faire de grands embellissements. Au mois de juin 1464, elle avait manqué de s'écrouler au moment où l'on plaidait un procès entre l'évêque d'Angers et un riche bourgeois de cette ville, accusé par son évêque de blasphème et d'hérésie. Comme maître Witasse Luillier, avocat de l'évêque, répétait les blasphèmes imputés à l'accusé, la salle se mit à trembler, ce qui fit grand'peur à toute l'assistance, et fut cause, suivant le continuateur de Monstrelet, que *maître Witasse laissa cheir le rollet qu'il tenoit en sa main*[1]. L'audience fut levée et remise au lendemain ; mais à la même heure que la veille, la chambre se mit encore à trembler, ce qui accrut la peur des assistants. On attribua sans doute à cet événement une cause miraculeuse ; mais toutefois on jugea prudent de reconstruire la salle. Comme c'était Louis XI qui régnait alors, la décoration fut faite avec la parcimonie qui était un des traits distinctifs du caractère de ce roi.

Mais vint Louis XII qui donna plus d'une preuve de l'importance qu'il attachait à l'administration de la justice. Ce roi, dit La Roche-Flavin, « pour monstrer l'honneur et la révérance qu'il avoit à la justice, ayant quitté son palais aux juges, se retira au bailliage tout contre le Palais ; et pour ce

---

[1] Chroniques de Monstrelet, dans la *Collection des Chroniques nationales françaises*, de M. Buchon, t. XXXIX, p. 347.

qu'il avoit les gouttes, il se pourmenoit sur son petit mulet dans les jardins du bailliage, où il digéroit ses affaires d'estat, et lorsqu'il avoit besoing de conseil, il montoit au parlement, demandoit advis, et quelquesfois assistoit aux plaidoieries, jugeoit les causes, son chancelier prononçant l'arrest en sa présence. A ceste occasion on avoit dressé, depuis le bas des grands degrés jusques au haut, une allée faicte d'ais, et planchée de nattes, où son mulet le montoit, et pour le mener par après jusques à la porte de la grande chambre, et où les gentilshommes le prenoient et le portoient en sa place et soubs son daix, qui s'y voit encore de présent. C'est où il voyoit, en la plaidoyerie, les excellents et célèbres esprits, et ceux qui plus dignement faisoient leurs functions en la justice, les remarquans pour s'en servir[1]. » Ce roi, vers 1506, fit faire de magnifiques embellissements à la grand'chambre, sous la direction du célèbre architecte Giocondo (Joconde), qu'il avait fait venir d'Italie en 1499, pour lui confier d'importants travaux[2]. Le plafond surtout fut orné d'une manière toute particulière. Il était en bois de chêne, entrelassé d'ogives qui n'étaient ni ovales ni en plein cintre, mais se tenant les uns aux autres et se terminant en cul-de-lampe[3]. La décoration

---

(1) *Treize livres des Parlements*, liv. IV, ch. xxxi.

(2) Émeric David, *Biographie Universelle*, art. GIOCONDO (*fra Giovanni*).

(3) Piganiol de la Force, t. II, p. 8.

de ce plafond était l'ouvrage de Du Hancy, habile menuisier de ce temps, qui avait apporté d'Italie cette manière de travailler le bois en placage[1]. L'avocat général Faye Despeisses, dans une remontrance adressée en 1587, a fait une pompeuse description de la grand'chambre, telle qu'elle existait alors. «Quels seront, s'écrie-t-il, à ceste journée les prémices que nous offrirons? ou plustôt quel sera le subject de nostre contemplation et admiration? Seront-ce ces beaux lambris dorés, ces pointes belles et ayguisées en proues, à l'exemple des rostres de Rome, ces vîtres et tapisseries... ces fleurs de lys et chiffres royaux... ou sera-ce ce siège angulaire duquel, comme du trépied de Delphes, s'espanchent les oracles par la France? ces autres sièges estant au costé... ces bancs plus bas où sont les greffiers... les baillifs et séneschaux des provinces et autres personnages de marque; ce barreau desparti en trois rangs, où suivant l'œconome d'Homère, d'un costé sont assis les vieux pères, d'un autre ceux d'un eage moyen et d'un autre les nouveaux venus, tous gens d'eslite, toutes fleurs d'esprit, tout sel de la terre habitable; bref, mille et mille autres belles raretés qui rendent ce lieu tellement auguste qu'on peut bien dire de luy *quod hic non est, nullibi est*, et qu'il y a si grand nombre de choses

---

(1) Sauval, *Antiquités de la ville de Paris*, t. II, p. 4.

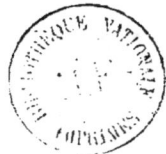

rares et remarquables que le choix en est malaisé. »

Pour compléter cette description, un peu emphatique sans doute, nous ajouterons les détails suivants que donne sur la grand'chambre notre vieil historien Du Breul.

« Environ l'an 1506, la grand'chambre du parlement fut peinte et dorée d'or de ducat, comme on la voit présentement. (Du Breul publiait la première édition de son ouvrage en 1605.)

« Au-dessus de la porte d'icelle chambre, il y a un lyon taillé en pierre et doré, lequel ayant les jambes pliées et la téte baissée, dénote que celui qui entre céans, tant grand soit-il, et vestu d'or, il faut qu'il s'humilie, et obéisse à justice.

« Et, dans la chambre, au-dessus du siège de messieurs les présidents et conseillers, *il y a un riche tableau contenant le crucifix de Nostre-Seigneur*, et au-dessoubs sont escriptes ces deux sentences de l'Escriture-Saincte :

« A dextre : FACITE JUDICIUM ET JUSTICIAM. QUOD SI NON AUDIERITIS VERBA HÆC, IN MEMET IPSO JURAVI, DICIT DOMINUS, QUOD DESERTA ERIT DOMUS HÆC. JEREM., 22.

« A senestre : VIDE QUID FACITIS. NON ENIM HOMINIS EXERCETIS JUDICIUM, SED DEI : ET QUODCUMQUE JUDICAVERITIS IN VOS REDUNDABIT. 2 PARALIPO., 19[4]. »

(1) *Le Théâtre des antiquités de Paris*, par Du Breul. Paris, 1612, in-4°.

Ajoutons que la grand'chambre avait ses parois revêtues de riches étoffes de velours bleu parsemées de fleurs de lis d'or, relevées en bosses et terminées par des franges artistement travaillées. Les vastes fenêtres qui l'éclairaient étaient cintrées et garnies de vitraux coloriés. On y remarquait particulièrement une grande rosace avec croisillons et nervure de pierre, dont le vitrail était de couleur gros-rouge sanguin, ce qui fait penser à Le Duchat[1] que le prédicateur Menot avait en vue la grand'chambre lorsqu'il disait que « le Parlement souloit estre la plus belle rose de France, mais que ceste rose a esté depuis tincte du sang des povres, crians et plorans après eux. » Enfin, il existait au fond, à droite et à gauche, en avant du parquet, deux tribunes élevées, appelées *lanternes*, et qui étaient en bois sculpté avec art. Tout cet ensemble présentait un spectacle véritablement magnifique.

Ainsi que nous l'avons dit, c'était le bon roi Louis XII qui avait surtout contribué à donner de la majesté à la grand'chambre, et pour que le souvenir s'en conservât, il avait fait placer des porcs-épics sur les voussures et les pendentifs du plafond.

Cette salle, qui offrait tant de beautés que lorsque les rois de France recevaient dans leur capi-

---

(1) *Apologie pour Hérodote*, par Henri Estienne, éd. de Le Duchat. La Haye, 1735, 3 vol. in-12. T. I, p. 62.

tale des princes étrangers, ils leur faisaient voir *la chambre dorée,* comme la plus belle merveille qu'ils pussent leur montrer, resta décorée de la sorte pendant plus de deux siècles. Elle n'avait pas souffert, lors de l'incendie de 1618 qui avait dévoré la salle des Procureurs ou des Pas-Perdus, et d'autres pièces adjacentes. Mais en 1722, ayant eu besoin de réparations, elles furent exécutées dans le goût de l'époque. Cependant on conserva précieusement le beau plafond; il fut même redoré et ne disparut qu'au commencement de la révolution [1].

Si, à cette description que nous venons de donner de la grand'chambre, l'imagination se reporte aux lits de justice que les rois venaient y tenir dans de solennelles circonstances, il sera facile de se former une idée exacte du majestueux spectacle qui s'offrait alors. Le lit ou siége du roi était placé dans l'angle à gauche, et dominait les hauts et bas siéges sur lesquels venaient prendre place les princes du sang, les pairs laïques et ecclésiastiques, les grands officiers de la couronne, le chancelier, les secrétaires d'état, le premier président, les présidents à mortier, les autres ma-

---

(1) La grand'chambre fut fermée au mois de septembre 1790, époque de la suppression du parlement. En 1793, le tribunal révolutionnaire, d'odieuse mémoire, y tint ses séances; aujourd'hui elle sert de salle d'audience à la Cour de cassation.

gistrats du parlement, tous revêtus des plus riches costumes.

La manière dont ces divers personnages opinaient, le rang qu'ils occupaient, les autres parties du cérémonial, donnaient lieu à de vives disputes dont nous pouvons voir un échantillon dans les Mémoires de Saint-Simon [1].

Mais il est temps de revenir au tableau de Jean de Bruges.

Ce tableau traversa les diverses restaurations que nous venons de rappeler. Placé, suivant toute apparence, pendant le règne de Charles VII, il se voit dans une gravure fort curieuse de Poilly, représentant Louis XV tenant son lit de justice pour la première fois, le 12 septembre 1715, et est parvenu jusqu'à nous, témoin muet de tant de révolutions et de vicissitudes.

Ainsi que nous l'avons dit, ce tableau, lorsqu'il fut transféré au Musée, fut attribué à Albert Durer dans le livret rédigé cependant par M. Denon ou tout au moins sous sa direction. Nous devons ajouter que M. Dulaure, dans son *Histoire de Paris*, dit aussi que le crucifix qui se voyait dans la grand'chambre avait été peint par Albert Durer [2]. Enfin, M. Heller, dans le tome II de son livre

---

(1) *Mémoires complets et authentiques du duc de Saint-Simon*, éd. de 1829, t. XI.

(2) *Histoire de Paris*, t. III, p. 128 de l'éd. in-12. Dulaure, dans sa *Nouvelle Description de Paris*, publiée en 1785, di-

sur la vie et les ouvrages d'Albert Durer (Leipzig, 1831), attribue aussi ce tableau au maître de Nuremberg. Mais il ne l'a pas vu, et il n'en parle que d'après le livret du Musée, de 1806.

Nous sommes convaincu que c'est là une erreur; la physionomie des personnages a plus d'onction et de finesse que Durer n'en imprimait ordinairement à ceux qu'il représentait. La tête du saint Jean-Baptiste, notamment, a une expression suave qui pourrait la faire prendre pour l'œuvre d'un des maîtres italiens les plus célèbres. Tout, dans ce tableau, rappelle la grande composition de Gand, et non la manière si remarquable d'ailleurs d'Albert Durer, si, par exemple, nous en prenons pour type les figures de l'histoire de la Vierge, de la Passion et de l'Apocalypse qu'il composa en 1511, et qui furent gravées sur bois par divers maîtres. Ce qui nous paraît décisif encore, en faveur de l'opinion qui attribue ce tableau à Jean Van Eyck, ce sont les costumes qui appartiennent au temps de Charles VII et non à l'époque de Louis XII et de François Ier, sous les règnes desquels le grand artiste de Nuremberg vivait[1]. Enfin, on se demande comment Albert Durer aurait pu faire ce tableau pour la destina-

sait aussi que le crucifix de la grand'chambre était attribué à Albert Durer, ce qui démontre que dès cette époque la même opinion existait déjà, nonobstant la tradition du parlement.

(1) Du reste les peintures d'Albert Durer sont fort rares, du moins en France. Le Musée du Louvre n'en possède pas,

tion qui lui était donnée. Ce peintre n'est jamais venu en France; il existait alors peu de rapports entre sa patrie et la nôtre, tandis qu'il y avait beaucoup de relations entre la Flandre et la France, ce qui explique comment Jean Van Eyck a pu être chargé de ce travail.

Lorsque le tableau qui nous occupe fut restauré, en 1842, par M. de la Roserie, cet habile artiste remarqua sur le collet d'un des personnages, des caractères pouvant former les mots *Jean de Bruges* ou *Joannes Brugensis*. Nous avons fait faire le *fac-simile* de la broderie qui paraît offrir ces caractères; il est placé au-dessus de la gravure jointe à cette Notice, et nous devons dire que les avis des savants qui ont examiné cette broderie, tant sur le tableau lui-même que d'après le *fac-simile*, sont fort partagés. Les uns, en effet, présument bien lire le commencement de *Burg* à la suite de quelques lettres indéchiffrables; d'autres croient que ce sont des dessins fantasques d'une broderie, mais non des caractères. Dans l'une et dans l'autre hypothèse, nous ne pensons pas qu'on puisse y voir la signature de Jean Van Eyck. Nous ne croyons pas en effet que les peintres de cette époque, et notamment les frères Van Eyck, fussent dans l'usage de signer ainsi leurs tableaux; d'ailleurs ce n'est qu'après sa mort que Jean Van

---

et nous ne connaissons à Paris, de ce maître, que le tableau qui se voit dans l'église Saint-Gervais.

Eyck a été appelé Jean de Bruges. S'il eût voulu signer son œuvre, il y aurait donc mis son nom de famille, et non celui de la ville qu'il habitait.

Nous venons de dire que les frères Van Eyck n'apposaient point leur signature sur leurs tableaux, nous allons en fournir des preuves. M. Passavant, qui a fait une étude approfondie de la vie et des ouvrages de ces maîtres, rapporte qu'il a vu un tableau de Jean Van Eyck, représentant une madone, qui faisait partie de la riche collection de feu M. Van Ertborn, d'Anvers, dont le cadre portait une inscription ainsi conçue : ΑΛΕ ΙΧΗ ΧΑΝ et au-dessous JOHĒS DE EYCK ME FECIT ✝ ŌPLEVIT AÑO 1439[1]. La première inscription se retrouve, dans la même forme, sur un tableau de Jean Van Eyck, conservé au Musée de Bruges, représentant la tête du Christ et celle de sainte Marie, ainsi que sur le portrait de la femme de ce maître, peint par lui. Elle est expliquée de différentes manières. Les uns veulent y voir l'abréviation de ces mots *Amate Jesum Xantissimum*; d'autres *Als iche chan* (*als ik kan*, comme je puis) exprimés en caractères grecs ΑΛΣ ΙΧΗ ΧΑΝ, qui offrent la première partie du proverbe flamand, *als ik kan, niet zoo als ik wil,* ou *ik doe*

---

(1) Recherches sur l'ancienne école de peinture flamande, aux XVe et XVIe siècles, dans le *Messager des Sciences historiques*, Gand, 1841, p. 302. Le même Recueil avait offert la gravure de ce tableau avec une Notice, dans son volume de 1835, p. 1.

als ik kan (je fais ce que je puis, et non ce que je veux).

Le portrait du doyen Jean Leeu, qui se voit dans la galerie du belvédère à Vienne, porte également sur le cadre une inscription flamande, indiquant qu'il a été fait par Jean Van Eyck, en 1436.

Il paraît donc que c'était de cette manière que les frères Van Eyck signaient leurs tableaux. Les autres peintres faisaient de même, à moins qu'ils ne missent dans un des coins de leurs œuvres des lettres initiales ou un monogramme. Christ qui a fait un ouvrage dans lequel il entreprend de donner la clef de ces signes naturellement assez obscurs [2], n'indique aucun monogramme ou chiffre ayant été adopté par les Van Eyck. Mais M. Brulliot, qui a composé récemment un livre beaucoup plus complet sur la même matière [3], en

---

(1) Recherches sur l'ancienne école de peinture, etc. Cette explication est particulièrement due à M. Mertens, bibliothécaire de la ville d'Anvers. V. le *Messager des Sciences historiques*, t. V, p. 526.

(2) *Dictionnaire des monogrammes, chiffres, lettres initiales*, etc., *sous lesquels les peintres, graveurs*, etc., *ont dessiné leurs noms*, trad. de l'allemand de Christ. Paris, 1762, in-8°.

(3) *Dictionnaire des monogrammes, marques figurées, lettres initiales, noms abrégés*, etc., *avec lesquels les peintres, dessinateurs, graveurs et sculpteurs ont désigné leurs noms*, par F. Brulliot, conservateur de la collection d'estampes du roi de Bavière, nouvelle édit. Munich, 1832-1834, gr. in-4°.

réfutant l'opinion émise par M. Büsching (*Kunstblatt*, 1821, n° 55), qu'une lettre .*Ɛ*. signifie Eyck, c'est-à-dire Jean Van Eyck, parce qu'elle se trouve sur une pierre sépulcrale qui se voit sur le fameux tableau de Dantzig, représentant le Jugement dernier[1], dit qu'il doute que cette lettre désigne le nom de Eyck : « Car, ajoute-t-il, nous avons vu plusieurs inscriptions qui sont sur des tableaux qui sont indubitablement des frères Van Eyck ; elles sont toujours écrites avec des lettres initiales latines ou en caractères gothiques (*Mönchsschrif*). »

Nous ignorons où M. Brulliot a vu des tableaux des Van Eyck, portant des lettres initiales, mais M. Passavant et les autres écrivains qui ont fait une étude spéciale des anciennes écoles flamande et allemande ne mentionnent pas cette circonstance, et parlent seulement d'inscriptions apposées sur les cadres de plusieurs tableaux des Van Eyck.

Le tableau qui nous occupe ne contient aucun monogramme ou signe distinctif du peintre, à moins qu'on ne veuille reconnaître pour des caractères les dessins de la broderie dont j'ai parlé plus haut; on ne pourrait, du reste, rien induire de ce qu'aucune inscription ne se trouve sur le cadre. Ce cadre, en effet, faisait corps avec la boi-

---

(1) M. Passavant croit que ce tableau est d'Albert Durer (*Kunstblatt*, 1841, n° 39).

serie; il n'aurait donc pu contenir aucune inscription de ce genre.

Il nous reste à rechercher, comment ce tableau a pu arriver au parlement, et à cet égard, nous n'avons encore que des conjectures à présenter. Une tradition parlementaire, transmise à M. le premier président Séguier, par feu M. Barbier d'Ingreville, conseiller-clerc, le faisait remonter à 1380, ou tout au moins à une époque antérieure à 1400. C'était évidemment une erreur, puisque les premiers ouvrages de Jean Van Eyck ne remontent pas au-delà de 1420. Pour éclaircir cette question, nous avons feuilleté les registres du parlement, mais nous n'y avons absolument rien trouvé [1].

(1) Les registres intitulés *Conseil*, de 1428 à 1443, ne contiennent aucun détail sur l'objet qui nous occupe; ceux de 1443 à 1451 manquent. Nous avons ensuite recherché à l'époque qui avoisine la restauration de la grand'chambre sous Louis XII, nous n'avons trouvé que les détails suivants qui ne sont pas sans intérêt, mais qui ne se rapportent pas au tableau de la grand'chambre.

« La Court a ordonné et ordonne à M⁰ Nicolle Dupré, notaire et secretaire du roy, et receveur des exploits et amendes d'icelle, payer, bailler et délivrer à Jehan de Passavant, tapicier, demourant à Paris, la somme de soixante-quinze livres, unze solz parisis, pour avoir par luy descendu la tapicerie des grand'chambre de Parlement, grand'chambre des enquêtes, petite chambre et de la Tournelle, à la Nostre-Dame de septembre; icelle nectoyée et retendue à la sainct Martin èz années mil cinq cents cinq, mil cinq cents six et mil cinq

Jean Van Eyck était le peintre favori de Philippe-le-Bon. Ce prince, attaché trop longtemps au parti qui voulait imposer le joug de l'Angleterre à la France, assista, le 10 octobre 1429, à une séance du Parlement de Paris, qui alors était composée de magistrats dévoués aux Anglais. Serait-ce pour donner à ce grand corps, dont il faisait partie comme pair du royaume, un témoignage de son estime, qu'il aurait fait faire, par son peintre Jean Van Eyck, le Christ qui s'y voyait depuis? ou plutôt n'aurait-il pas amené Jean Van Eyck avec lui à Paris, lorsqu'il y fit sa solennelle

cents sept, et avoir fourni des crochetz pour ce faire; aussy pour avoir faict deux custodes de sarges rouge, verte et jaulne servans au devant des fenestres de la dicte grand' chambre des enquestes, et deux autres de sarges verte et rouge servans au devant du tableau estant en la petite chambre des dites enquestes; fourny des dites sarges et livré ruben et anneaulx; pareillement pour avoir fourny trois pièces de tapicerie, l'une contenant six aulnes et demye, servant au dessus du dict tableau, l'autre contenant autant servant au dessoubz et l'autre contenant cinq aulnes et demye, servant auprès; semblablement pour avoir livré un banquier en la dicte Tournelle, contenant quatre aulnes; icellui garny et livré le ruben et avoir refait cinq tapiz servant à une fenestre neufve, estant en icelle; la quelle somme lui a esté toxée par ung des conseillers de la dicte Court à ce par elle commis.

« Faict en parlement ce dernier jour de May l'an mil cinq cents et huict. »

Extrait des registres du Parlement, dernier jour de mai 1508. *Conseil*, de 1507 à 1508, n° 49.— Les registres numérotés 47 et 48, embrassant l'année 1506, n'existent plus.

entrée le 14 avril 1435, et ne l'aurait-il pas chargé alors de faire ce tableau qu'il destinait au Parlement, en souvenir de l'accueil si plein d'enthousiasme qu'il reçut des Parisiens?

On peut croire encore que Charles VII, rentré à Paris, après le traité conclu à Arras, le 21 septembre 1435, et par lequel Philippe-le-Bon abandonna la cause des Anglais pour se rallier à celle de son souverain légitime, fit faire, par le plus habile artiste de son temps, un tableau destiné à orner la salle principale du Parlement, qu'il venait de réintégrer à Paris, le 6 novembre 1436[1].

Encore une fois, ce sont là des conjectures, mais qui sont loin de nous paraître invraisemblables. Ce qui est évident pour nous, c'est que le tableau avait été fait pour la destination qu'il avait reçue. C'était la Trinité que l'on avait ainsi placée au centre de la salle principale où se rendait la justice, comme pour rappeler aux juges et aux justiciables, que la religion seule devait inspirer leurs actions. Puis venaient les personnages les plus vénérés du Nouveau-Testament; puis saint Denis, l'apôtre de la France; puis enfin, les deux monarques, les deux plus grands *justiciers* qui eussent jusqu'alors figuré dans notre histoire.

Le martyre de saint Denis, ce groupe placé derrière, et où l'on voit, à côté du bourreau, le juge qui sans doute prononça la condamnation, ne

---

(1) *Ord. du Louvre*, t. XIII, p. 229.

sont-ce pas là autant d'allusions adressées à la conscience des magistrats, pour leur recommander de ne jamais condamner l'innocent?

Le tableau de Jean de Bruges est donc, non-seulement précieux comme œuvre d'art, mais encore comme une représentation des idées morales et religieuses qui régnaient à l'époque où il fut fait.

Ajoutons quelques mots à l'histoire de ce tableau.

Rétabli, ainsi que nous l'avons dit, en 1811, sur la demande de M. le premier président Séguier, dans la salle principale du corps qui, dans nos nouvelles institutions, tient la place qu'avait jadis, sous le point de vue judiciaire au moins, le Parlement de Paris, il y est resté depuis. Malheureusement la décoration de cette salle n'est nullement en rapport, ni avec le tableau, ni avec son beau cadre à formes ogivales et à dentelures élégantes. Le 20 décembre 1815, jour de l'évasion de Lavalette, des ouvriers qui travaillaient dans cette partie du Palais, occasionnèrent un incendie qui manqua de réduire en cendres l'œuvre de Jean de Bruges; en 1831, après le sac de l'archevêché, on crut prudent de faire disparaître ce Christ, et il a été rétabli il y a quelques années, à la place où il se trouvait précédemment.

En terminant, nous émettons le vœu que, dans les grands travaux que l'on prépare pour le Palais de justice, la salle où se trouve le tableau de Jean de Bruges soit mise en harmonie avec une œuvre si précieuse, et qu'à côté de la Sainte-Chapelle, qui va reprendre la splendeur qu'elle avait au temps de saint Louis, il se rencontre un prétoire qui rappelle aussi, dans des proportions plus modestes, cette belle décoration de la grand'chambre, telle qu'elle avait été faite par le roi Louis XII, et telle qu'il faudrait qu'elle fût pour encadrer dignement l'œuvre de Jean de Bruges.

www.ingramcontent.com/pod-product-compliance
Lightning Source LLC
Chambersburg PA
CBHW071202240526
45470CB00017B/1237